SNOOPY
DER STARANWALT

VON CHARLES M. SCHULZ

CARLSEN

SNOOPY TASCHENBÜCHER im Carlsen Verlag
Lektorat: Andreas C. Knigge
1. Auflage November 1989

Aus dem Amerikanischen
von Wolfgang J. Fuchs und Marcel Le Comte
SNOOPY AS THE LEGAL BEAGLE

Lettering: Dirk Rehm und Monika Weimer
Druck und buchbinderische Verarbeitung:
Elsnerdruck, Berlin

ISBN 3-551-72154-8
Printed in Germany

VERZEIHUNG...
ICH MUSS SIE WAS FRAGEN.
WENN ES IN DIESEM LAND BEREITS 700000 ANWÄLTE GIBT, WESHALB BRAUCHEN WIR DANN SIE?
ANWÄLTE HASSEN SOLCHE FRAGEN!
SCHULZ
6-5

HIER IST DER WELTBERÜHMTE ANWALT AUF DEM WEG ZUM GERICHT...
2-15
"FIAT JUSTITIA RUAT COELUM!"
© 1982 United Feature Syndicate, Inc.
"ÜBT GERECHTIGKEIT, AUCH WENN DIE HIMMEL EINSTÜRZEN."
DAS KÖNNTE MEINEN FALL GANZ ZUNICHTE MACHEN.
SCHULZ

JA, ICH MÖCHTE MEIN GELD ZURÜCK... DAS IST DAS SCHLIMMSTE SOMMERLAGER, IN DEM ICH JE GEWESEN BIN, MEIN HERR...
WENN SIE MIR MEIN GELD NICHT ZURÜCKGEBEN, VERKLAGE ICH SIE!
ES REGNET DIE GANZE ZEIT NUR! ES IST SO NASS, DASS NICHTS SPASS MACHT! MEIN ANWALT HÄLT ES AUCH FÜR ZU NASS...
6-20 © 1985 United Feature Syndicate, Inc.
SCHULZ

DU WILLST WAS?
DAS SOMMERLAGER VERKLAGEN, JA!
ICH VERKLAGE ES, WEIL ES DIE GANZE ZEIT NUR REGNET! MEIN ANWALT IST BEREIT, DEN FALL ZU ÜBERNEHMEN.
DAS IST KEIN ANWALT... DAS IST EIN HUND!
6-21
MEIN LETZTER KLIENT HATTE SCHLIMMERE SCHIMPFNAMEN FÜR MICH ...
© 1985 United Feature Syndicate, Inc.

SIE LASSEN DICH AUF DER UNBEBAUTEN WIESE NICHT MEHR BASEBALL SPIELEN? DAS IST JA LÄCHERLICH!!
WEISST DU, WAS DU BRAUCHST? DU BRAUCHST EINEN GUTEN ANWALT!
8-6
ICH SAGTE, EINEN "GUTEN" ANWALT!
SEUFZ
SCHULZ
© 1982 United Feature Syndicate, Inc.

HIER IST DER WELTBE-RÜHMTE ANWALT AUF DEM WEG ZUM GERICHT...
10-15
WENN ANWÄLTE "SINE MORA" SAGEN, MEINEN SIE "UNVERZÜGLICH".
© 1982 United Feature Syndicate, Inc.
ANWÄLTE SAGEN VIEL.
SCHULZ

WENN DU MIR BEI DER HAUSAUFGABE NICHT HILFST, VERKLAGE ICH DICH.
WO IST DEIN ANWALT?
HIER.
DEIN ANWALT WIRD DIESEN FALL NIE VERSTEHEN...
2-18 © 1985 United Feature Syndicate, Inc.
DAS STÖRT IHN NICHT WEITER!
SCHULZ

ICH KANN'S NICHT GLAUBEN... DU HILFST MIR BEI DER HAUSAUFGABE!
DAS IST BESSER, ALS MICH VON DEINEM ANWALT VERKLAGEN ZU LASSEN.
ICH BRAUCH DICH DOCH NICHT, ANWALT... WIR HABEN UNS AUSSERGERICHTLICH GEEINIGT.
WIE SOLL ICH MEINE NEUE AKTENMAPPE JE ABZAHLEN?
SCHULZ
© 1985 United Feature Syndicate Inc
2-19

WENN DU ANWALT BIST, DANN WÜRDE MICH DOCH INTERESSIEREN, WELCHE ART VON FÄLLEN DU ÜBERNIMMST.
ZEIGST DU MIR DEINE GESCHÄFTSKARTE?
© 1985 United Feature Syndicate, Inc.
"ANWALT... BANKROTTE, STIFTUNGEN, UNFÄLLE, ÄRZTLICHE KUNSTFEHLER, NACHLÄSSE, TESTAMENTE..."
7-17
"... UND HUNDEBISSE."
SCHULZ

MAN SAGT, DU HAST GERADE EINEN SCHWEREN FALL VERLOREN ...
GIBT ES ETWAS, DASS DICH TRÖSTET, WENN DU EINEN FALL VERLOREN HAST ?
2-21
SCHULZ

ICH FRAGE MICH, WAS PASSIERT, WENN PAPS SEINEN BARBER-SHOP VERLIERT...
WIR WÜRDEN SICHER VERHUNGERN...
VIELLEICHT MÜSSTEN WIR UNSER AUTO VERKAUFEN...
WAHRSCHEINLICH WÜR-DEN WIR AUCH DEINEN HUND LOSWERDEN...

MEINEN HUND ? DEN KÖNNEN WIR NICHT LOSWERDEN !
WARUM NICHT ?
© 1980 United Feature Syndicate, Inc.
8-31
VERTRÄGE KANN MAN BRECHEN, WEISST DU !

HIER IST DER WELTBERÜHMTE ANWALT AUF DEM WEG ZUM GERICHT.
© 1982 United Feature Syndicate, Inc.
"EIN UNBEABSICHTIGTER FEHLER IN BEZUG AUF DIE TATSÄCHLICHEN FAKTEN IST EIN 'FAKTISCHER FEHLER'."
11-17
DANN HATTE ICH RECHT...
ESSEN GIBT'S UM 13 UHR 30.
SCHULZ

DAS GERICHT WIRD JENEN NICHT HELFEN, DIE IN EINER ANGELEGENHEIT UNGESETZLICHE TATEN BEGANGEN HABEN...
...UND DANN DAS GERICHT ANRUFEN, UM SCHADENERSATZ FÜR VERLETZUNGEN EINZUKLAGEN, DIE SIE SICH INFOLGE IHRES TUNS ZUZOGEN!
12-3
WEIA!
SCHULZ
© 1982 United Feature Syndicate, Inc.

HIER KOMMT DER WELTBERÜHMTE ANWALT AUS DEM GERICHTSGEBÄUDE.
© 1981 United Feature Syndicate, Inc
DER RICHTER HIESS MICH EINEN NIGMENOG, EINEN KANNWALT UND EINEN WAFFLER.
WAHRSCHEINLICH STUDIERT MAN JURA NUR DESHALB...
... DASS MAN WEISS, WAS SOLCHE BESCHIMPFUNGEN BEDEUTEN.
1-15
SCHULZ

ALS ANWALT SOLLTE DIR DER BEGRIFF "EXKULPATION" VERTRAUT SEIN.
"EXKULPATION" BEZIEHT SICH GEWÖHNLICH AUF EINE RECHTFERTIGUNG.
© 1982 United Feature Syndicate, Inc.
11-2
"EXKULPATION" BEDEUTET DAHER AUCH FREISPRUCH.
GENAU DAS SUCHT MEIN KLIENT...EINEN FREISPRUCH.
SCHULZ

HEY, FÜHRER! NUR DAMIT DU'S WEISST... WENN DU UNS VERLIERST, VERKLAGEN WIR DICH!
© 1988 United Feature Syndicate, Inc.
8-22
ICH ÜBERNEHME DEN FALL ...
SCHULZ

EINE FRAGE, MEIN HERR... WIESO FOLGEN WIR EINEM ANWALT, WENN WIR UNS IM WALD VERIRRT HABEN?
NUR KEINE PANIK, MEINE DAMEN ...
© 1988 United Feature Syndicate, Inc.
ZUERST MÜSSEN WIR DAS GERICHT FINDEN... DANN SUCHEN WIR ZIMMER 342 UND DIE HINTERTREPPE... VON DA AB KENNE ICH MICH AUS ...
SCHULZ
8-23

DAS IST VERRÜCKT, MEIN HERR ...
WIE KANN UNS EIN ANWALT AUS DEM WALD FÜHREN ?
SEI STILL, MARCIE ...
STÖRE NIE EINEN ANWALT BEIM NACHDENKEN !
GENAU JETZT WÜRDE EINE PIZZA GUT SCHMECKEN ...
8-24
SCHULZ

MEIN HERR, ES IST DUNKEL GEWORDEN...
WO IST UNSER FÜHRER? WAS SIND DAS FÜR FUNKEN?
DAS HABE ICH AUF DER RECHTS-AKADEMIE GELERNT... WENN DU BRAUSEPULVER IM DUNKELN KAUST, MACHT ES FUNKEN!
8-25 SCHULZ
UND WAS MACHEN WIR, WENN DAS BRAUSEPULVER ALLE IST?
REDE NICHT, MARCIE... KAU WEITER!

ICH WEISS ES JETZT, MEIN HERR ... BRAUSEPULVER MACHT FUNKEN DURCH ELEKTRISCHE LADUNG ...
DAS NENNT MAN "TRIBOLUMINESZENZ".
© 1988 United Feature Syndicate, Inc.
8-26
KAU SCHNELLER, ICH VERSUCHE, DIESE KARTE ZU LESEN ...
ICH GLAUBE, ICH HABE KEI-NE ZÄHNE MEHR ...
SCHULZ

HALLO, CHUCK! WIR HATTEN UNS IM WALD VERIRRT... ES WAR SO DUNKEL, DASS MAN NICHTS MEHR SEHEN KONNTE!
© 1988 United Feature Syndicate, Inc.
WIR HABEN ZURÜCKGEFUN-DEN, INDEM WIR MIT BRAUSEPUL-VER FUNKEN ERZEUGT HABEN! CLEVER, WAS? DEINEN DUMMEN HUND HABEN WIR AUCH MIT...
WIR SEHN UNS IM DUNKELN, CHARLES!
BRAUSEPULVER?
SCHULZ 8/27

"EIN VERGEHEN IST EIN MINDERES DELIKT."
11-9
ETWA VERKEHRS-WIDRIGES VERHALTEN.
"EIN KAPITALVERBRECHEN IST EINE ERNSTERE SACHE."
WIE ZUM BEISPIEL DEN HUND NICHT FÜTTERN.
SCHULZ
© 1982 United Feature Syndicate, Inc.

JA, FRÄULEIN... ER IST ANWALT.
ER HÄTTE GERN EINEN KANARIENGELBEN RINGBUCHBLOCK MIT AKTENPAPIER IM FORMAT DIN A 4.
6-28
NOCH ETWAS ?
© 1982 United Feature Syndicate, Inc.
ER MÖCHTE WISSEN, OB SIE JEMAND KENNEN, DEN SIE VERKLAGEN WOLLEN.
SCHULZ

ACHTE AUF DIE AUGEN!
EIN UNSCHULDIGES GESICHT... VERSUCH MAL, EIN UNSCHULDIGES GE-
SICHT ZU MACHEN ...

SEHR SCHÖN... ALSO, WENN DU JETZT MAL VOR GERICHT MUSST, KANNST DU EIN UN-SCHULDIGES GESICHT MACHEN!
WOHER SOLL ICH WISSEN, WARUM DU VOR GERICHT SOLLST? DAS WAR DOCH NUR EIN BEISPIEL!
EIGENTLICH MÜSSEN VÖGEL NUR SELTEN VOR GERICHT...
© 1987 United Feature Syndicate, Inc.

NUN WEIN DOCH NICHT! ICH SAGTE, ES WAR NUR EIN BEISPIEL!
MEINE GÜTE! VÖGEL SIND SO DUMM!
BATZ!
HABT IHR DAS GESEHEN? BRINGT IHN VOR GERICHT! BRINGT IHN VOR GERICHT!
SCHULZ

HIER IST DER WELTBERÜHMTE ANWALT AUF DEM WEG ZU EINEM GROSSEN PROZESS.
8-6
ENTSCHULDIGUNG, MEIN HERR...
© 1986 United Feature Syndicate, Inc.
GLAUBEN SIE, DASS MAN IM GERICHTSSAAL FERNSEHAUFNAHMEN MACHEN SOLLTE?
NUR WENN ICH VORHER MEINE HAARE KÄMMEN DARF!

"IGNORANTIA LEGIS NEMINEM EXCUSAT."
"UNKENNTNIS DES GESETZES SCHÜTZT VOR STRAFE NICHT."
6-19
© 1982 United Feature Syndicate, Inc.
UND WAS IST, WENN MAN ÜBERHAUPT KEINE AHNUNG HAT, WAS VOR SICH GEHT?
SCHULZ

ES REGNET WIEDER DURCH DIE DECKE, MEIN HERR!
© 1980 United Feature Syndicate, Inc.
1-29
ICH WEISS, MARCIE... ICH REICHE EINE KLAGE EIN.
DAZU BRAUCH ICH EINEN GUTEN ANWALT.
"EINER DER GRUNDSÄTZE DES ZIVILRECHTS IST, DASS DEFINITIONEN GEFÄHRLICH SIND."
SNOOPY! ÜBERNIMMST DU MEINEN FALL?
SOWIE ICH WEISS, WAS DAS HEISST...
SCHULZ

JA, FRÄULEIN, MEIN ANWALT UND ICH MÖCHTEN DEN DIREKTOR SPRECHEN... WIR VERKLAGEN IHN!
WARUM? WEIL ICH PITSCHNASS BIN, DESHALB! IN UNSEREM KLASSENZIMMER REGNET ES DURCH DIE DECKE AUF MEINEN KOPF!
© 1980 United Feature Syndicate, Inc.
MEIN AWALT HAT GEHÖRIG ÜBER DIESEN FALL NACHGEDACHT...
1-30
"BEGIB DICH IN EINE ANWALTSPRAXIS, UND DU HAST FRÜHER ODER SPÄTER ZU ZAHLEN."
SEHR GEHÖRIG!
SCHULZ

JA, HERR DIREKTOR! WIR VERLANGEN SATISFAKTION!
ICH HABE ES SATT, IM KLASSENZIMMER UNTER EINER LECKENDEN DECKE ZU SITZEN.
1-31
MEIN ANWALT UND ICH LEGEN HIERMIT OFFI-ZIELL PROTEST EIN.
WENN ER MICH RECHTSVERDREHER NENNT, GEHE ICH!
SCHULZ
© 1980 United Feature Syndicate, Inc.

WENN SIE ALSO DIE DECKE NICHT REPARIEREN LASSEN, HERR DIREKTOR, ÜBERGEBE ICH DIE ANGELEGENHEIT MEINEM ANWALT.
"HEINRICH VI."? NEIN, ICH WEISS NICHT, WAS IN "HEINRICH VI." GESAGT WIRD...
2-1
"UND ALS ERSTE AMTS-HANDLUNG WERDEN AL-LE ANWÄLTE UMGE-BRACHT."
WOW! GERADEWEGS ÜBER DEN AKTEN-SCHRANK!
© 1980 United Feature Syndicate, Inc.
SCHULZ

ICH GLAUBE, DIE HABEN ALLE ANGST, CHARLIE BROWN.
UNSERE LEHRERIN HAT ANGST VOR DEM DIREKTOR, DER DIREKTOR HAT ANGST VOR DEM SCHULAMT, DAS SCHULAMT HAT ANGST VOR DEM KULTUSMINISTERIUM...
2-2
UND DER HAUSMEISTER?
DER HAT ANGST, AUFS DACH ZU KLETTERN.
SCHULZ
© 1980 United Feature Syndicate, Inc.

RING
DU BEKOMMST EINE PAUSCHALE, KÜMMERST DICH SELBER UM DEIN ESSEN UND DEINE VERSICHERUNG.
SOLL ICH SCHNEE SCHIPPEN?
KLAR, ABER DU MUSST ERST DIESEN VERTRAG UNTERSCHREIBEN.

WENN ES INNERHALB VON VIERUNDZWANZIG STUNDEN SCHNEIT, MUSS DER WEG ERNEUT GEKEHRT WERDEN ...
WIR HABEN DIE EXKLUSIVRECHTE AN IHRER SCHAUFEL SOWIE LEBENSLANG AN ALLEN FILM-, FUNK - UND FERN - SEHAUFZEICHNUNGEN ...
WENN SIE BEI DER ARBEIT PFEIFEN, WERDEN ALLE AUFNAH-MEN UNSER EIGENTUM ...
1-13

DIE ZU KEHRENDE FLÄCHE GEHT VON DER TÜR BIS ZUR STRASSE...HIER UNTEN UNTERSCHREIBEN...
© 1980 United Feature Syndicate
DER VERTRAG IST JA LÄNGER ALS DER WEG!
SCHULZ

HIER IST DER WELTBERÜHMTE ANWALT AUF DEM WEG ZUM PROZESS...
WENN DU ZUM GERICHT GEHST, SOLLTEST DU DIR FOLGENDES MERKEN...
© 1982 United Feature Syndicate, Inc.
"WAS HÄTTE GETAN WERDEN SOLLEN, GILT ALS ZUGUNSTEN DESJENIGEN GETAN, DER VON DEMJENIGEN UND DESSENTWEGEN DER VON JENEM DIE AUSFÜHRUNG ERWARTET."
6-17
DAS PASST JA NOCH NICHT MAL IN MEINE AKTENMAPPE.
SCHULZ

ICH HABE NEULICH GE-
LESEN, DASS ANWÄLTE
IMMER HÄUFIGER VERPRÜ-
GELT WERDEN ...
MACHT DIR DAS ANGST ?
© 1988 United Feature Syndicate, Inc.
12-3
JETZT
NICHT MEHR.
SCHULZ

IHRE SCHACHTEL MIT GOLDSTERNCHEN? NEIN, DIE HAB ICH NICHT, FRÄULEIN!
12-1
ICH HABE SIE AUF IHR PULT ZURÜCKGESTELLT, WISSEN SIE NOCH? ICH WÜRDE DOCH NIE IHRE SCHACHTEL MIT GOLD-STERNCHEN NEHMEN, FRÄULEIN...
ICH BIN EIN EHRLICHER MENSCH... ICH HAB SOGAR EIN EHRLICHES GESICHT...
ES IST ETWAS DURCHEINANDER, ABER ES IST EHRLICH!
© 1977 United Feature Syndicate, Inc.
SCHULZ

WEISST DU WAS, CHARLIE BROWN? DIE LEHRERIN BEHAUPTET, ICH HÄTTE IHRE SCHACHTEL MIT GOLDSTERNCHEN GESTOHLEN...
12-2
IST JA UNGLAUBLICH...
© 1977 United Feature Syndicate, Inc.
DU SAGST ES, CHARLIE BROWN! IST MEIN BLÖDER ANWALT IRGENDWO IN DER NÄHE?
JA. ER STEHT NEBEN MIR...
"FLUCH ALLEN GESETZEN, DIE NICHT DIE LIEBE MACHTE!"
SCHULZ

WESHALB SOLLTE ICH EINE SCHACHTEL MIT GOLDSTERNCHEN STEHLEN, CHARLIE BROWN?
© 1977 United Feature Syndicate, Inc.

VIELLEICHT HAT DICH DIE LEHRERIN NICHT BESCHULDIGT, SONDERN NUR NACH DER SCHACHTEL GEFRAGT.
WEISS ICH NICHT... ICH GLAUBE NUR, DASS ICH 'NEN GUTEN ANWALT BRAUCHE.
12-3

"ÜBERLASST ES MIR, DIE LIEDER EINER NATION ZU SCHREIBEN, DANN IST ES MIR GLEICH, WER IHRE GESETZE MACHT."
SCHULZ

ICH HABE DIESE SCHACHTEL MIT GOLDSTERNCHEN NICHT GESTOHLEN, ABER ICH FINDE HERAUS, WER ...
PASS AUF, HIER IST MEIN GEHEIMPLAN ...
ICH LIEBE GEHEIMPLÄNE!
© 1977 United Feature Syndicate, Inc.
DU TRÄGST DIESE PERÜKKE UND GEHST FÜR MICH ZUR SCHULE.
?
12-5
WÄHRENDDESSEN SCHLEICHE ICH HERUM UND FINDE RAUS, WER DIE GOLDSTERNCHEN GESTOHLEN HAT!
SCHULZ

MEIN HERR, SIE WIRKEN RUHIGER HEUTE ... UND SO KLEIN ...
GEHT ES IHNEN NICHT GUT, MEIN HERR ?
!
?
WELCHE KRANKHEIT LÄSST DEN KÖRPER SCHRUMPFEN, ABER DIE NASE AN-SCHWELLEN ?

PSST!
?
DAS IST EIN SCHWERER TEST, NICHT WAHR ?
12-7
WAS HABEN SIE BEI DER LETZTEN FRAGE GESCHRIEBEN ?
© 1977 United
SCHULZ

MEIN HERR, WAS MACHEN SIE DENN HIER IM KORRIDOR?
SEI STILL, MARCIE!
ICH BIN VERKLEIDET! ICH VERSUCHE RAUSZUFINDEN, WER DIE GOLDSTERNCHEN GESTOHLEN HAT...
ABER ICH HABE SIE DOCH GERADE IN DER KLASSE GESEHEN...
DAS WAR MEIN ANWALT... ER IST AUCH VERKLEIDET...
"TRENNE NIE ST, DENN DAS TUT IHM WEH!"
SCHULZ
United Feature Syndicate, Inc

JA, FRÄULEIN ... ICH BIN HANS HANSEN, DER NEUE AUFSEHER ...
MACHEN SIE NUR WEITER, FRÄULEIN ... ICH FEGE EIN WENIG UND LEERE DIE PAPIERKÖRBE...
IN JEDEM HAFEN EIN SCHATZ, DIE EINE MACHT DER ANDEREN PLATZ, OHEE, OHEE !
'TSCHULDIGUNG, FRÄULEIN... BEIM FEGEN SINGE ICH IMMER ...

SEH'N SIE MAL, WAS IN IHREM PAPIERKORB LAG, FRÄULEIN OTHMAR ... IHRE GOLDSTERNCHEN!
ICH WETTE, SIE HATTEN EINEN IHRER SCHÜLER IN VERDACHT, WAS?
ABER SO WAS WÜRDE KEI-NER TUN... BESONDERS NICHT DIESE NIEDLICHE ROTHAARIGE MIT DEN SOMMERSPROSSEN ...
SCHULZ

12-27
© 1980 United Feature Syndicate, Inc.
WAS MAN HEUTZUTAGE ALLES AN DER LEINE FÜHREN MUSS! LÄCHERLICH!
SCHULZ

ICH HABE VIEL ÜBER ABRAHAM LINCOLNS ZEIT ALS ANWALT GELESEN.
ES IST IHM KEIN EINZIGES MAL PASSIERT, DASS ER AM TAG DER VERHANDLUNG DAS GERICHTSGEBÄUDE NICHT GEFUNDEN HAT.
SEINERZEIT WAR DAS LEBEN EINFACHER.
© 1980 United Feature Syndicate, Inc.
SCHULZ
12-2

PEANUTS
DIESES GESCHÄFT MACHT MICH REICH!
ICH BRAUCHE NUR NOCH DIE NOTWENDIGEN UNTERSCHRIFTEN...
WAS FÜR EIN GESCHÄFT IST DAS?
ICH BEKOMME TANTIEMEN FÜR ALLE NEUGEBORENEN!
SCHULZ

JEDER MACHT DIE ANWÄLTE FÜR ALLES VERANTWORTLICH...
DIE ANWÄLTE BESCHULDIGEN DIE ÄRZTE... WEN BESCHULDIGEN DIE ÄRZTE?
DIE GOLFPROFIS.
11-2

GÄHN

© 1986 United Feature Syndicate,Inc.
BONK!

11-2
ANWÄLTE MACHEN MIR KEINE ANGST!
SCHULZ

GLAUBST DU, EINE FLIEGE UND EINE AKTENMAPPE MACHEN DICH ZU EINEM STARANWALT WIE OLIVER WENDELL HOLMES ?
DU KENNST JA NICHT MAL DEN UNTERSCHIED ZWISCHEN EINEM EIN-SPRUCH UND DER GE-SCHWORENENBANK.
© 1980 United Feature Syndicate, Inc
5-19
SO, UND DAS SCHREIBST DU DIR JETZT AUF DEIN KANA-RIENGELBES, DIN A 4 GROSSES, RINGBUCHGE-LOCHTES AKTENPAPIER.
WIE MAN EINEN AN-WALT NUR SO VER-LETZEN KANN...
SCHULZ

PEANUTS
EINES WOLLTE ICH SCHON IMMER WISSEN...
FÄLLT ES EUCH ANWÄLTEN SCHWER, EUCH AUF EINEN FALL VORZUBEREITEN ?
10-11
DAS GRÖSSTE PROBLEM IST DIE FRAGE, WAS MAN IN DEN AKTENKOFFER TUN SOLL...
Tm. Reg. U.S. Pat. Off. — All rights reserved
© 1976 by United Feature Syndicate, Inc.
ALS ICH NEULICH VOR GE-RICHT WAR, HATTE ICH DOCH GLATT MEIN HAARSPRAY VERGESSEN.

HEY, TRAINER... MEIN ANWALT MÖCHTE DICH SPRECHEN...
6-20
WIR SIND DER MEINUNG, ICH SOLLTE FÜR DAS SPIELEN BEZAHLT WERDEN...
SAG DEINEM ANWALT, ER SOLL ZUSEHEN, DASS ER LAND GEWINNT, SONST GIBT ES HEUTE KEIN ABENDBROT!
NOCH NIE HAT EIN ANWALT SO SCHNELL AUFGEGEBEN...
© 1987 United Feature Syndicate, Inc.

PEANUTS
WILLKOMMEN ZU HAUSE! WO IST MEINE DECKE?
DECKE?
SAG MIR NICHT, SIE LIEGT NOCH IN DER WÜSTE!? HAST DU SIE ETWA VERGESSEN?
JA!
WIE SOLL ICH SIE FINDEN? ICH WEISS NICHT, WO ICH SUCHEN SOLL. ICH WEISS NICHT MAL, IN WELCHER WÜSTE!
12-1
FANG MIT DER SAHARA AN, DANN RICHTUNG SÜDEN...

PEANUTS
Tm. Reg. U.S. Pat. Off.—All rights reserved ©1978 by United Feature Syndicate, Inc.
WENN ICH MEINE DECKE NICHT WIEDER-BEKOMME, VERKLAGE ICH DICH!
12-5
GUT. ICH VERTRETE MICH IN EIGENER SACHE. "DER ANWALT IST STETS IN FÜHRENDER GE-SELLSCHAFTLICHER STEL-LUNG."
"WERFT DIE VORLADUNG NICHT GLEICH IN DEN GULLY!" "DAS EIGENTUM MUSS GESI-CHERT SEIN, WEIL SONST FREIHEIT UNMÖGLICH IST!"
EIN FLOHHANDEL HILFT DIR DA AUCH NICHT!
DIE FORMULIERUNG IST MIR NEU!
SCHULZ

PEANUTS
GUTE NEUIGKEITEN, LINUS!
12-6
EIN EINSCHREIBEPÄCKCHEN VON SPIKE.
ER LIEF DURCH DIE WÜSTE UND FAND DABEI DEINE DECKE!
DAS HAT MIR NOCH GEFEHLT... EINE SCHMUSEDECKE VOLLER AU!! KAKTUSSTACHELN!
SCHULZ

VERZEI-
HUNG...
© 1986 United Feature Syndicate, Inc.
UNLÄNGST ERGAB EINE UMFRAGE, DASS VIELE ANWÄLTE IHREN BERUF NICHT MEHR AUSÜBEN.
HABEN SIE EINE TÄTIG-KEIT GEFUNDEN, DIE IH-NEN WICHTIGER IST ALS DIE JURISPRUDENZ?
12-9
SCHULZ
ESSEN!

© 1979 United Feature Syndicate, Inc.
DU WURDEST ALS GESCHWORENER BESTELLT?
KEINE ANGST... DAS IST GANZ EINFACH...
9-18
DU STEHST DREI STUNDEN IN DEN WANDELGÄNGEN DES GERICHTSGEBÄUDES HERUM, BIS MAN DIR SAGT, DASS DER PROZESS ABGESETZT WORDEN IST... DANN GEHST DU NACH HAUSE.
ICH BIN MIR SICHER, DASS DU DAS KANNST.
SCHULZ

EIN ANRUF FÜR DICH.
© 1979 United Feature Syndicate, Inc.
WOODSTOCK? WIE GEHT ES DIR SO ALS GESCHWORENER?
9-19
IM BERATUNGSZIMMER EINGESCHLOSSEN? NA, DANN GUTE NACHT.
SCHULZ

NA, WIE GING DER PROZESS AUS?
© 1979 United Feature Syndicate, Inc.
DER ANKLÄGER BEHAUPTETE, EINE SCHWALBE MACHT NOCH KEINEN SOMMER?
ABER DER VERTEIDIGER SETZTE DAGEGEN, EIN SPATZ IN DER HAND SEI BESSER ALS DIE TAUBE AUF DEM DACH?
DU HAST RECHT... EIN SEHR SCHWIERIGER FALL.

HIER IST DER WELTBERÜHMTE ANWALT AUF DEM WEG ZUM GERICHT...
DIES IST EINE MAXIME DER JURISPRUDENZ: "EIN DING EXISTIERT SO LANGE FORT, WIE DINGE DIESER ART NORMALERWEISE EXISTIEREN."
HAST DU DAS VERSTANDEN?
ICH HABE NICHT MAL DIE SPEISEKARTE VERSTANDEN!
SCHULZ
5-13
© 1985 United Feature Syndicate Inc.

WEISST DU, DU KANNST NICHT DEIN LEBEN LANG WACHHUND SEIN...
WENN DU ÄLTER WIRST, MUSST DU VIELLEICHT EINEN BERUFSWECHSEL IN ERWÄGUNG ZIEHEN...
4-25
ICH FRAGE MICH, WAS DU DANN TUN KÖNNTEST.
WAHRSCHEINLICH WÜRDE ICH MICH DANN WIEDER MEINER ANWALTSKANZLEI WIDMEN.
SCHULZ
© 1985 United Feature Syndicate, Inc.

PEANUTS
JA, FRÄULEIN, WIR WÜRDEN GERN DAS NEUSTE BUCH VON HELENE LIEBKIND AUSLEIHEN...
INDIZIERT ?!!
DIE SCHULBIBLIOTHEK HAT DAS BUCH INDIZIERT. ICH FASSE ES NICHT!
WIE KANN JEMAND EIN SO NETTES BUCH WIE "DIE SECHS HÄSCHEN FLIPPEN AUS" INDIZIEREN?

PEANUTS
WIESO INDIZIERT DIE SCHULBIBLIO-TEK EIN BUCH VON HELENE LIEB-KIND?
ICH KANN'S NICHT GLAUBEN! ICH KANN'S EINFACH NICHT GLAUBEN!
VIELLEICHT STEHEN IN IHREM BUCH EINIGE SACHEN, DIE WIR NICHT VERSTEHEN...
WENN DAS DER GRUND IST, SOLL-TEN SIE MEIN MATHE-BUCH AUCH INDIZIEREN!

PEANUTS
SCHÜLER
ICH BIN **WÜTEND,** CHARLIE BROWN!
DIE SCHULBIBLIOTHEK HAT HELENE LIEBKINDS BUCH INDIZIERT, UND ICH BEKOMME NICHT HERAUS **WESHALB**!!
10-27
ICH BIN SO WÜTEND, DASS ICH AM LIEBSTEN DAS SCHULAMT VERKLAGEN WÜRDE, WENN ICH EINEN ANWALT HÄTTE.
BEVOR ICH EINEN FALL ÜBERNEHME, WILL ICH ERST WISSEN, AN WEN DIE RECHNUNG GEHT.
SCHULZ

PEANUTS
GUT, HERR ANWALT, ICH ERKLÄRE MEIN PROBLEM, UND SIE SAGEN, OB WAS ZU MACHEN IST.
"ES GIBT FÜR ALLES EIN GESETZ."
DIE SCHULBIBLIOTHEK HAT EIN BESTIMMTES BUCH INDIZIERT UND WIR MÖCHTEN HERAUSFINDEN, WESHALB.
10-28
"VERHAFTET DEN SCHULDNER UND VERURTEILT IHN."
ALSO, ES GEHT UNS NICHT SO SEHR UM DAS BUCH AN SICH, SONDERN DARUM...
Z
SEUFZ
SCHULZ

PEANUTS
Lieber Fräulein Liebkind, Sie haben vermutlich gehört, dass Ihr Buch in unserer Schulbibliothek indiziert worden ist.
Nun, Ich wollte Sie nur wissen lassen, daß ich für Sie kämpfe. Ich habe sogar einen Anwalt zugezogen.
"DIE UNTERDRÜCKUNG VON BEWEISMITTELN SOLLTE IMMER ALS EIN BESONDERS DEUTLICHER BEWEIS GEWERTET WERDEN."
Wenigstens scheint es einer zu sein.
SCHULZ

PEANUTS
OKAY, HERR ANWALT. MAL SEHEN, WAS WIR MIT EIN PAAR TELEFONATEN HERAUSFINDEN KÖNNEN.
"DAS GESETZ IST GUT, WENN DER MENSCH ES RECHTENS ANWENDET."
IST DA DAS SCHULAMT?
OB WOHL KARL UND OTTO STROHMANN VOR GERICHT STEHEN? ICH HASSE FÄLLE OHNE KARL UND OTTO STROHMANN.
10-31
JA, ICH MÖCHTE GERN DEN LEITER DES SCHULAMTS SPRECHEN...
"DER KLIENT LEGT KEINEN WERT AUF EINEN SCHÖNEN FALL."
SCHULZ

ÜBERALL GESETZE UND ANWÄLTE!
VOM TAG UNSERER GEBURT AN HABEN WIR ES MIT GESETZEN ZU TUN.
11-28
DAS STIMMT.
© 1980 United Feature Syndicate, Inc.
ERST LETZTE WOCHE HABE ICH EIN BABY VERKLAGT.
SCHULZ

"DER ANWALT IST DER EWIGE FÜHRER DER GESELLSCHAFT"...
(c) 1989 United Feature Syndicate Inc

DAS GEFÄLLT MIR...

ICH VERSTEH'S NICHT, ABER ES GEFÄLLT MIR!
3-27

ALS ABRAHAM LINCOLN NOCH ANWALT WAR, KAM ER MORGENS UM NEUN UHR IN SEIN BÜRO.
DANN LEGTE ER SICH SOGLEICH AUF SEINE COUCH UND FING AN, LAUT DIE ZEITUNG ZU LESEN. SEHR ZUM ÄRGER SEINES KOMPAGNONS, VERSTEHT SICH.
DAS MUSS ICH MIR MERKEN.
© 1982 United Feature Syndicate, Inc.
DAS GEHEIMNIS EINES GUTEN ANWALTS IST, DASS ER SEINEN KOMPAGNON ÄRGERN MUSS.
12-28
SCHULZ

DAS LETZTE SPIEL DER SAISON ... WENN WIR VERLIEREN, KLAGEN WIR ...
KLAGEN? GEGEN WEN DENN?
UND WOHER NEHMEN WIR DEN ANWALT?
9-22 © 1987 United Feature Syndicate, Inc.
SCHULZ

ICH KANN MIR VORSTELLEN, DASS DU ALS ANWALT DEN AUSDRUCK "AMICUS CURIAE" KENNST ...
"FREUND DES GERICHTS"
ICH BIN EIN FREUND DES GERICHTS ... ABER WIESO HASST MICH DER RICHTER ?
7-13
SCHULZ

PEANUTS
NEIN, FRÄULEIN, ICH TRAGE HEUTE KEIN KLEID, WEIL ICH DIE KLEIDER-ORDNUNG NICHT MEHR ANER-KENNE.
DAS IST ABER NICHT FAIR... JA, FRÄULEIN... ICH VERSTEHE...
BIS DANN, FRANKLIN... DAS WAR'S WOHL!
SCHREIB MIR MAL... PEPPER-MINT PATTY, c/o SANTA FU...

PEANUTS
DIREKTOR
JA, HERR DIREKTOR !
JA, ICH GESTEHE, DASS ICH DIE KLEIDERORDNUNG VORSÄTZLICH VERLETZT HABE...
ES WAR MIR KLAR, DASS MAN MICH IN IHR BÜRO SCHICKT... ICH HABE MICH VORBEREITET...
PRINCI
HIER IST MEIN ANWALT !
SCHULZ

PEANUTS
HALLO, CHARLIE BROWN, ICH MUSS MEINEN ANWALT SPRECHEN. IST ER DA?
DEINE KLIENTIN IST AM TELEFON. BIST DU DA?
WIE KANN ICH MEINE JURA-BÜCHER STUDIEREN, WENN MICH KLIENTEN BELÄSTIGEN?
HALLO, SNOOPY? WIR MÜSSEN MORGEN VOR DEM SCHÜLER-AUSSCHUSS ERSCHEINEN, WEGEN DIESER BEKLEIDUNGSVORSCHRIFTEN, WEISST DU? WIR TREFFEN UNS ALSO VOR DER SCHULE UM NEUN, OKAY?
1-13
WIE KANN ICH MEINE JURA-BÜCHER STUDIEREN, WENN ICH IMMER ZUM GERICHT MUSS?
SCHULZ

PEANUTS
TJA, HEUTE MUSS ICH ZUM SCHÜLERAUS-SCHUSS.
1-14
DIESE KLEIDERORDNUNG IST JA SO WAS BLÖDES!
ZUM GLÜCK BRAUCHE ICH MIR KEINE SORGEN ZU MACHEN, WEIL ICH EINEN GUTEN ANWALT HABE.
MEIN PROBLEM IST, DASS ICH KARL STROHMANN NIE VON OTTO STROHMANN UNTERSCHEIDEN KANN.
SCHULZ

PEANUTS
ICH HEISSE PATRICIA REICHARDT UND ERSCHEINE WIE GEWÜNSCHT VOR DEM SCHÜLERAUSSCHUSS.
ICH HABE AUCH MEINEN ANWALT MITGEBRACHT, DER MICH BERATEN WIRD.
WO SIND KARL UND OTTO STROHMANN? ICH DACHTE, DIE KOMMEN AUCH ...?
JA, ICH BIN BEREIT, ALLE FRAGEN ZU BEANTWORTEN.
VIELLEICHT SOLLTE ICH MEIN PLÄDOYER MIT EINER BEFÜRWORTUNG DES VERBRAUCHERSCHUTZES BEGINNEN.
MEIN ANWALT WIRD MICH ÜBER MEINE RECHTE BELEHREN...
"KÄUFER, NIMM DICH IN ACHT!"

PEANUTS
ICH HÄTTE NIE GEDACHT, DASS ICH VOR DEN SCHÜLER-AUSSCHUSS MUSS, SNOOPY. UND NUN SIND WIR HIER.
ENTSCHULDIGUNG, ICH SPRACH GERADE MIT MEINEM ANWALT...
NIE VERGESSE ICH MEINEN BERÜHMTESTEN FALL: KARL GEGEN OTTO STROHMANN.
1-17
JA, ICH WEISS, WIE ERNST DIE SACHE IST.
"DE MINIMUS NON CURAT LEX... DAS GESETZ SIEHT ÜBER NICHTIGKEITEN HINWEG."
DESHALB HABE ICH JA EINEN ANWALT DABEI.
"WEM DER BODEN GEHÖRT, DEM GEHÖRT AUCH DER HIMMEL DARÜBER."
SCHULZ

PEANUTS
ICH GLAUBE, NIEMAND HAT DAS RECHT, ANDEREN KLEIDERVORSCHRIFTEN ZU MACHEN.
KLEIDERVORSCHRIFTEN SIND BLÖDE.
"WENN DER GRUND FÜR EINE VORSCHRIFT ENTFÄLLT, SOLLTE AUCH DIE VORSCHRIFT ENTFALLEN."
MEHR HABE ICH EIGENTLICH NICHT ZU SAGEN.
"WER RECHTE BEANSPRUCHT, MUSS AUCH DIE PFLICHTEN ÜBERNEHMEN."
ICH BEFOLGE EINFACH DEN RAT MEINES ANWALTS.
DER TITEL "KRONANWALT" GEFIELE MIR BESSER.

PEANUTS
JETZT ENTSCHEIDEN SIE MEINE SACHE, SNOOPY...
OHNE DEINE HILFE HÄTTE ICH WAHRSCHEINLICH KEINE CHANCE GEHABT.
DA FÄLLT MIR MEIN BERÜHMTESTER FALL EIN: KARL GEGEN OTTO STROHMANN. KARL STROHMANN WAR SCHON EIN TOLLER HECHT.
ICH BIN GANZ ZUVERSICHTLICH ... ICH VERTRAUE DER URTEILSKRAFT MEINER MITMENSCHEN. UND AUFGRUND DEINES RECHTSBEISTANDES ERKLÄRT MAN MICH GEWISS FÜR...
SCHULDIG!!

PEANUTS
HALLO, CHARLIE BROWN? ICH MÖCHTE MEINEN ANWALT SPRECHEN.
1-20
JA, ICH HABE MEINE SACHE VERLOREN. ICH MUSS TÄGLICH IN DER MITTAGSPAUSE DIE VERFASSUNG LESEN. BLÖD, WAS? NA JA, JE MEHR ICH DIE LESE, DESTO ÜBERZEUGTER BIN ICH, DASS ICH RECHT HATTE. ABER KÖNNTE ICH MEINEN ANWALT SPRECHEN?
DEINE KLIENTIN IST WIEDER AM TELEFON.
ICH KANN JETZT NICHT MIT IHR REDEN...ICH DIKTIERE MEINE MEMOIREN.
SCHULZ

PEANUTS
PEPPERMINT PATTY IST WÜTEND AUF DICH.
DABEI HAT SIE MEINE RECHNUNG NOCH NICHT.
UND SIE SAGT, WENN DU IHR EINE RECHNUNG SCHICKST, BRINGT SIE DICH VOR GERICHT.
ICH WÜRDE DEN GESCHWORENEN DEN WITZ MIT DEM BAUERN UND DEN DREI EBERN ERZÄHLEN UND SPIELEND GEWINNEN.
DAS ERSTE, WAS MAN IM JURA-STUDIUM LERNT, DAS IST DER WITZ VOM BAUERN UND DEN DREI EBERN.

© 197' United Feature Syndicate, Inc
DU BLÖDER BAUM!
WENN DU MEINEN DRACHEN BEISST, BEISS ICH **DICH**!
OKAY, DU HAST MICH HERAUSGEFORDERT!
DAMIT HAST DU NICHT GE-RECHNET, WAS?
2-25
SCHULZ

DAS GIBT'S DOCH WOHL NICHT!
© 1977 United Feature Syndicate, Inc
DER UMWELTSCHUTZBUND IST HINTER MIR HER, NUR WEIL ICH EINEN BAUM GEBISSEN HABE!
3-2
ES WAR EIN DRACHENFRES-SENDER BAUM! ICH MUSSTE MICH RÄCHEN...
ICH WETTE FÜNFZIG PFENNIG, DASS SIE DICH DRANKRIEGEN!
SCHULZ

ICH GLAUB, ICH BRAUCH 'NEN ANWALT!
ICH GLAUB, DIE UMWELTSCHUTZBEHÖRDE WILL MICH VERKLAGEN, WEIL ICH IN EINEN BAUM GEBISSEN HABE...
3-4
KEIN PROBLEM.
© 1977 United Feature Syndicate, Inc.
"MEIN KLIENT WAR GEISTIG VERWIRRT, EUER EHREN... ER HIELT SICH FÜR EINEN BIBER!"
SCHULZ

AHA, UNTERWEGS ZUM GERICHT.
DEINE KOLLEGEN ANWÄLTE KENNEN DICH WOHL SEHR GUT.
12-30
STIMMT ES, DASS SIE DIR EI-NEN SPITZNAMEN GABEN?
© 1986 United Feature Syndicate, Inc.
"JOE DAMPF-PLAUDERER"
DAS WÜSSTE ICH NICHT, SELBST WENN ICH'S WÜSSTE.
SCHULZ

PEANUTS
SNOOPY, ICH HABE EIN PROBLEM...
Tm. Reg. U.S. Pat. Off.—All rights reserved © 1976 by United Feature Syndicate, Inc.
MEIN VATER WÜRDE MICH GERN AUF EINE PRIVATSCHULE SCHICKEN. ABER DAS WÜRDE VIER BIS FÜNFTAUSEND DOLLAR SCHULGELD KOSTEN.
9-20
ICH KANN NICHT VERLANGEN, DASS ER SO VIEL GELD FÜR MICH AUSGIBT... WAS SOLL ICH TUN?
"AJAX APPORTIERSCHULE... KOMPLETTER UNTERRICHT... FÜNFUNDZWANZIG DOLLAR..."
SCHULZ

PEANUTS
ICH GLAUBE, ICH HABE EINE PRIVATSCHULE GEFUNDEN, CHARLIE BROWN...
SNOOPY HAT MIR DIESEN PROSPEKT GEGEBEN... DIE VERLANGEN NUR FÜNFUNDZWANZIG DOLLAR...
"AJAX APPORTIERSCHULE"?!
ES KLINGT GANZ VIELVERSPRECHEND...
9-21
ES SIEHT AUS, ALS HÄTTE DORT JEDER SCHÜLER EINEN HUND...
SCHULZ
Tm. Reg. U.S. Pat. Off.—All rights reserved
© 1976 by United Feature Syndicate, Inc.

PEANUTS
Tm. Reg. U.S. Pat. Off.—All rights reserved © 1976 by United Feature Syndicate, Inc
DU WILLST ALSO AN DIE "AJAX APPORTIER-SCHULE" GEHEN?
ABER DAS IST KEINE...
VERSUCH NICHT, ES MIR AUSZU-REDEN, CHARLIE BROWN...
ICH BRAUCHE EINE GUTE AUS-BILDUNG...SELBST WENN ICH EINE GROSSE SPORTLERIN WERDE, BRAUCHE ICH DOCH EINE GUTE AUSBILDUNG.
9-22
NOCHMALS DAN-KE SNOOPY, DASS DU MIR DEN SCHULPROSPEKT GELIEHEN HAST.
ES SCHEINT MIR RATSAM, EINE WEILE ZU VER-SCHWINDEN ...
SCHULZ

PEANUTS
Tm Reg U S Pat Off – All rights reserved © 1976 by United Feature Syndicate, Inc
IST DIES DIE "AJAX APPORTIERSCHULE"?
JA? GUT! ICH MÖCHTE MICH ANMELDEN. HUND? NEIN, FRÄULEIN, ICH HABE KEINEN HUND MITGEBRACHT.
9-23
WIE ICH SEHE, HABEN VIELE IHRER SCHÜLER HUNDE.
IST DAS ETWA EINE DIESER PROGRESSIVEN SCHULEN?
SCHULZ

PEANUTS
WÜNSCH MIR GLÜCK, MARCIE. ICH KOMME AUF EINE PRIVATSCHULE.
Tm. Reg U S Pat Off — All rights reserved © 1976 by United Feature Syndicate, Inc
ICH GEHE AUF DIE "AJAX APPORTIERSCHULE"! DER NAME IST JA ETWAS SELTSAM, ABER WAHRSCHEINLICH LEGT MAN DORT GROSSEN WERT AUFS BEIBRINGEN...
DAS IST MIR NUR RECHT... DENN ICH GEBE BEREITWILLIG ZU, DASS MEINE LERNGEWOHNHEITEN SEHR NACHLÄSSIG SIND.
ICH FRAGE MICH NUR, WOZU WIR HUNDEHALSBAND UND MAULKORB MITBRINGEN SOLLEN.
SCHULZ
9-24

PEANUTS
Tm Reg U.S. Pat Off —All rights reserved © 1976 by United Feature Syndicate, Inc
WIE WAR DER ERSTE TAG IN DER PRIVATSCHULE, MEIN HERR?
9-27
ENTSPRICHT DIE "AJAX APPORTIERSCHULE" IHREN ERWARTUNGEN?
MARCIE, MARCIE, SIE ÜBERTREFFEN SIE SOGAR NOCH. MAN LEGT DORT WERT AUF MANIEREN UND UMGANGSFORMEN...
WIR HABEN DEN GANZEN ERSTEN TAG DAMIT ZUGEBRACHT, RICHTIG PLATZ ZU NEHMEN.
SCHULZ

PEANUTS
DIE "AJAX APPORTIERSCHULE" HAT MEIN GANZES LEBEN VERÄNDERT, CHARLIE BROWN!
9-28
WEISST DU NOCH, WIE SEHR MICH DIE SCHULE IMMER ENTMUTIGT HAT?
IN DER "AJAX APPORTIERSCHULE" LASSEN SIE ES GAR NICHT ZU, DASS MAN DEN MUT VERLIERT...
Tm. Reg. U.S. Pat. Off.—All rights reserved
© 1976 by United Feature Syndicate, Inc.
IMMER WENN MAN ETWAS RICHTIG GEMACHT HAT, TÄTSCHELN SIE EINEM DEN KOPF!
SCHULZ

PEANUTS
ICH GLAUBE, DU HAST EIN PROBLEM.
PEPPERMINT PATTY GLAUBT, SIE GEHT AUF EINE PRIVATSCHULE... WAS IST, WENN SIE HERAUSFINDET, DASS SIE ZUM GESITTETEN HUND AUSGEBILDET WIRD?
SIE WIRD HERKOMMEN UND EINEN BESTIMMTEN BEAGLE SUCHEN, DER IHR DEN PROSPEKT DER "AJAX APPORTIERSCHULE" IN DIE HAND GEDRÜCKT HAT.
9-29
WAS FÜR EINEN BEAGLE DENN?
Tm. Reg. U.S. Pat. Off.—All rights reserved © 1976 by United Feature Syndicate, Inc.
SCHULZ

PEANUTS
HOLEN? JA, HERR LEHRER!
Tm Reg U S Pat Off — All rights reserved © 1976 by United Feature Syndicate, Inc
"HOLEN" BEDEUTET, ETWAS SUCHEN UND HERBEIBRINGEN...
9-30
OH, ENTSCHULDIGUNG, HERR LEHRER... ICH DACHTE, SIE WOLLTEN EINE WORTER-LÄUTERUNG...
DAS IST ALSO DIE "LERNE-DURCH-TUN"-METHODE...
SCHULZ

PEANUTS
Tm Reg U S Pat Off – All rights reserved © 1976 by United Feature Syndicate Inc
DU MACHST HAUSAUFGABEN, MARCIE?
AN DER "AJAX APPORTIERSCHULE" BRAUCHEN WIR KEINE HAUSAUFGABEN ZU MACHEN.
VERMUTLICH STEHEN UNS PRIVATSCHÜLERN EBEN EINIGE PRIVILEGIEN ZU... SCHLIESSLICH ZAHLEN WIR SCHULGELD, SIND ETWAS BESONDERES UND...
10-1
KUSCH, MEIN HERR!
WIE BITTE?
SCHULZ

PEANUTS
ICH VERSTEH DIE ANDEREN SCHÜLER AN DIESER SCHULE NICHT...
ICH BIN DIE EINZIGE, DIE HIER HERKOMMT, UM HÜRDENLAUF ZU MACHEN.
Tm. Reg. U.S. Pat. Off.—All rights reserved © 1976 by United Feature Syndicate, Inc
DIE ANDEREN LASSEN EINFACH IHRE HUNDE ÜBER DIE HÜRDEN SPRINGEN UND SEHEN ZU...
10-2
KOMISCH, DASS DIESE SCHULE SO FAULEN SCHÜLERN DIE HUNDE NICHT VERBIETET ...
SCHULZ

PEANUTS
Tm Reg U.S. Pat Off — All rights reserved © 1976 by United Feature Syndicate Inc
MEIN DIPLOM? BIN ICH DENN JETZT SCHON MIT DER SCHULE FERTIG?
10-4
ICH KANN'S NICHT GLAUBEN! ICH HABE EIN ABSCHLUSS-ZEUGNIS DER "AJAX APPORTIER- SCHULE"!
HE, MARCIE! ICH MUSS NICHT MEHR ZUR SCHULE GEHEN! ICH HABE MEIN ABSCHLUSSZEUGNIS!
EIN STOLZER ERFOLG, MEIN HERR...
JA. ES FÄLLT MIR SCHWER, BESCHEIDEN ZU BLEIBEN, MARCIE!
SCHULZ

PEANUTS
GEHST DU IN DIE SCHULE, MARCIE?
Tm Reg U S Pat Off — All rights reserved
© 1976 by United Feature Syndicate, Inc
NUN, ICH GEH INS HAUS, SEHE EIN BISSCHEN FERN UND SCHLAFE DANN... ICH BIN FROH, DASS ICH DIE SCHULE HINTER MIR HABE.
LERN FLEISSIG, MARCIE. VIELLEICHT WIRST DU DANN EINES TAGES UNSERE ERSTE PRÄ - SIDENTIN!
10-6
KUSCH, MEIN HERR!
WIE BITTE?
SCHULZ

PEANUTS
UNSERE LEHRERIN HAT HEUTE NACH IHNEN GEFRAGT, MEIN HERR...
SIE WOLLTE WISSEN, WARUM SIE DEM UNTERRICHT FERNBLEIBEN... ICH SAGTE IHR, SIE HÄTTEN DIE SCHULE ABGESCHLOSSEN, ABER ICH FÜRCHTE, SIE HAT ES NICHT GEGLAUBT.
KÖNNTEN SIE IHR DAS ABSCHLUSSZEUGNIS ZEIGEN, MEIN HERR?
JA, ICH DENKE, DAS KÖNNTE ICH...
ICH NEHME ES NUR SO UNGERN AUS DEM RAHMEN.
10-7
SCHULZ

PEANUTS
Tm Reg U S Pat Off – All rights reserved © 1976 by United Feature Syndicate Inc
SIE GLAUBEN ES MIR NICHT, CHARLIE BROWN!
DIE LEHRERIN UND DER SCHULDIREKTOR GLAUBEN NICHT, DASS ICH MIT DER SCHULE FERTIG BIN. SIE WOLLEN, DASS ICH WIEDER ZUM UNTERRICHT KOMME.
ICH ZEIGE IHNEN DAS ABSCHLUSSZEUGNIS DER "AJAX APPORTIERSCHULE", ABER ICH GLAUBE, ICH NEHME BESSER MEINEN ANWALT MIT... IST ER DA?
10-8
DEINE KLIENTIN KOMMT HERÜBER ...
"NICHT LOGIK ERFÜLLT DAS GESETZ MIT LEBEN, SONDERN ERFAHRUNG."
SCHULZ

PEANUTS
DU WIRST ALSO PEPPERMINT PATTYS ANWALT.
DAS WIRD EIN INTERESSANTER FALL...
BIST DU DER VERTEIDIGER ODER DER KLAGEFÜHRENDE ANWALT?
Tm. Reg U.S. Pat. Off.—All rights reserved
© 1976 by United Feature Syndicate, Inc
10-9
DAS WEISS ICH IMMER ERST AM ENDE DER VERHANDLUNG!
SCHULZ

PEANUTS
Tm Reg U S Pat Off — All rights reserved © 1976 by United Feature Syndicate, Inc
OKAY, ANWALT, GEHEN WIR.
DEN FALL SOLLTEST DU LEICHT GEWINNEN KÖNNEN... DIE IRREN SICH, UND ICH HABE RECHT.
10-12
ICH HOFFE, DU HAST NICHTS GEGEN LEICHTE FÄLLE...
WENN DIE KASSE STIMMT, IST MIR ALLES RECHT, SÜSSE!
SCHULZ

PEANUTS
Tm Reg U S Pat Off – All rights reserved © 1976 by United Feature Syndicate Inc
JA, FRÄULEIN, ICH BIN ZUM DIREKTOR BESTELLT!
DA IST EIN OFFENSICHTLICHER IRRTUM AUFZUKLÄREN... ER MEINT, ICH MÜSSTE WIEDER ZUM UNTERRICHT.
10-13
MEIN ANWALT HIER MÜSSTE ALLES AUFKLÄREN UND BEREINIGEN KÖNNEN...
SO WIE ER MIT DEM ESSEN FERTIG IST.
SCHULZ

PEANUTS
KÖNNEN WIR BEIM ANFANG ANFANGEN, HERR DIREKTOR?
ICH HATTE AN IHRER SCHULE SCHLECHTE NOTEN UND MELDETE MICH DESHALB AN EINER EXKLUSIVEN PRIVATSCHULE AN, WO MAN MIR INDIVIDUELLE AUFMERKSAMKEIT SCHENKTE...
INTERESSANTERWEISE HAT MIR MEIN ANWALT HIER DIESE SCHULE EMPFOHLEN, DA IHN ERZIEHUNGSPROBLEME SEHR INTERESSIEREN...
10-14
... WENN ER WACH IST!
Z
Tm. Reg U.S. Pat. Off.—All rights reserved © 1976 by United Feature Syndicate, Inc.

PEANUTS
ICH MÖCHTE IHNEN HIER ETWAS ZEIGEN, HERR DIREKTOR.
DIES IST MEIN ABSCHLUSS-ZEUGNIS VON DER "AJAX APPORTIERSCHULE".
10-15
ES BEWEIST, DASS ICH EINEN ABSCHLUSS HABE! DESHALB SEHE ICH KEINEN GRUND, WES-HALB ICH WIEDER AUF DIE GRUNDSCHULE GEHEN SOLLTE!
SIE SEHEN VERWIRRT AUS, MEIN HERR... SO SAGEN SIE DOCH WAS! MEIN ANWALT SCHEINT NÄMLICH DRINGEND WEG ZU MÜSSEN...
SCHULZ

PEANUTS
ENTSCHULDIGEN SIE BITTE...
ICH WEISS NICHT, WESHALB MEIN ANWALT SO DRINGEND HIER WEG WILL...
10-16
ABER SIE HABEN JA MEIN ABSCHLUSSZEUGNIS VON DER "AJAX APPORTIERSCHULE" UND...
WAAS?!?
SCHULZ

PEANUTS
ICH HABE EIN ABSCHLUSS-ZEUGNIS FÜR **WAS?!**
10-18
FÜR EINE **HUNDE**-SCHULE?!
Tm Reg. U.S. Pat. Off. — All rights reserved © 1978 by United Feature Syndicate, Inc.
WO IST MEIN ANWALT?! DEM DREHE ICH SEINEN HAARIGEN KRAGEN UM!
LASS DEINEN KOPF UNTEN, TROTTEL!
SCHULZ

PEANUTS
OKAY, CHARLIE BROWN, WO IST DEIN HUND?
ER HAT MIR DEN PROSPEKT EINER APPORTIERSCHULE GEGEBEN UND MICH KOMPLETT ZUM TROTTEL GEMACHT! UND JETZT WERDE ICH IHN VERDRESCHEN! WO IST ER?!!
10-19
ICH WEISS NICHT... VIELLEICHT IST ER NACH NEEDLES GEFAHREN, UM SEINEN BRUDER ZU BESUCHEN...
GUTE IDEE!
SCHULZ
Tm. Reg. U.S. Pat. Off.—All rights reserved © 1976 by United Feature Syndicate, Inc.

PEANUTS
Tm Reg U S Pat Off.—All rights reserved
© 1976 by United Feature Syndicate, Inc.
HIER OBEN IST ER NICHT.
DAS SAGTE ICH DOCH.
WER IST DAS DA DRÜBEN? DAS SIEHT AUS WIE EIN HUND IM KATZENKOSTÜM.
DAS IST "2. WELTKRIEG", DER KATER VON NEBENAN... LASS DICH NICHT MIT IHM EIN... DER IST BISSIG!!
10-20
MICH TÄUSCHST DU NICHT, CHARLIE BROWN! DAS IST SNOOPY IM KATZENKOSTÜM! DEN SCHNAPP ICH MIR!!!
AU WEIA!
SCHULZ

PEANUTS
Tm Reg U.S. Pat. Off. —All rights reserved © 1976 by United Feature Syndicate, Inc
WAS IN ALLER WELT...?
MIAU!
10-21
PEPPERMINT PATTY RAUFT MIT DEM KATER VON NEBENAN!!
?
SIE GLAUBT, DAS BIST DU IN EINEM KATZEN-KOSTÜM!
SIE SCHLÄGT SICH GANZ WACKER... ES SIEHT SO AUS, ALS HÄTTE SIE EINEN ARM SCHON FAST AUS DEM ÄRMEL!
!!!!
SCHULZ

PEANUTS
ICH GLAUBE, PATTY VERLIERT...
'2. WELTKRIEG' IST EIN ZÄHER KATER.
!!!
10-23
TJA, EIN GUTER ANWALT KANN NICHT EINFACH DASITZEN UND ZUSEHEN, WIE SEINE KLIENTIN VERSOHLT WIRD...
Tm. Reg. U.S. Pat. Off.—All rights reserved
© 1976 by United Feature Syndicate, Inc.
WAS HAST DU VOR?
EINEN AUFTRITT ALS HELD!
SCHULZ

PEANUTS
WAS FÜR EIN KAMPF!
PEPPERMINT PATTY UND SNOOPY RAUFEN MIT '2. WELTKRIEG', DEM KATER VON NEBENAN!
10-25
ER IST VORBEI! DER KAMPF IST VORBEI!
Tm Reg U S Pat Off — All rights reserved
© 1976 by United Feature Syndicate, Inc
GEWONNEN ODER VERLOREN?
JA!
SCHULZ

ICH HABE SCHLECHTE NEUIGKEITEN FÜR DICH... HOFFENTLICH FÄLLST DU NICHT IN OHNMACHT...
© 1986 United Feature Syndicate, Inc.
HEUTE KANNST DU NIEMAND VERKLAGEN, WEIL HEUTE SILVESTER IST. DA IST DAS GERICHTSGEBÄUDE GESCHLOSSEN.
12-31
KLONK
ICH HABE NOCH MEHR...
MORGEN IST NEUJAHRSTAG, DA KANNST DU AUCH NIEMAND VERKLAGEN!
KLONK!
SCHULZ

ICH MUSS SIE WAS FRAGEN...
WER SAGTE: "LAUFT NICHT WEGEN JEDEM STREIT ZUM ANWALT"?
8-30
ICH WEISS NICHT...
ABER WENN ICH'S RAUSFINDE, VERKLAGE ICH IHN.
© 1986 United Feature Syndicate, Inc.

WELTBERÜHMTER ANWALT ZU SEIN, IST DOCH SICHER EINE GROSSE VERANTWORTUNG...
ICH MEINE, DA MÜSSEN DOCH JEDEN TAG KLIENTEN KOMMEN, DIE RAT SUCHEN.
HABEN SIE EIN SCHRECKLICH LASTENDES GEFÜHL DER VERANTWORTUNG, WENN SIE MIT IHNEN REDEN?
8-7
NEIN. ICH HATTE NOCH KEINEN KLIENTEN, DER MIR ZUHÖRT.
SCHULZ

"DE MINIMUS NON CURAT LEX".
7-18
"DAS GESETZ IGNORIERT BE-LANGLOSES".
© 1988 United Feature Syndicate, Inc.
DAS IST GUT, MEINE PRAXIS IST SO BELANGLOS WIE NICHTS ANDERES...
SCHULZ